AF322021

L41
L6
2875

AUX

REPRÉSENTANS

DU

PEUPLE

COMPOSANS LE COMITÉ

DE

SALUT PUBLIC.

CITOYENS REPRÉSENTANS,

Nous sommes depuis plus de six mois, sous l'oppression la plus arbitraire, la plus affreuse. Huit-à-dix individus, couverts d'un masque populaire, et dont la p'us part sont membres des Autorités Constituées, ne se servent de leur pouvoir et de leur influence, que pour diviser le Peuple, porter les plus grandes atteintes à la liberté individuelle des Citoyens, et leur imposer un joug d'opinions contraires à tous les principes consacrés dans la déclaration des droits de l'homme. Ils circonviennent les Représentans du peuple envoyés dans le Département de l'Ain, pour l'affermissement du gouvernement Révolutionaire, prêtent aux actions les plus innocentes, les couleurs les plus noires, afin de justifier les actes tyranniques qu'ils se permettent continuellement d'exercer. L'on ne peut plus voir en eux, qu'une faction d'ennemis publics, dont les passions et les vices, déguisés sous mille formes, détruiront bientôt toute harmonie entre les administrateurs et les administrés, et feront naître une discorde générale et funeste à la chose publique.

Les troubles qui agitent la Commune de Bourg, ont pris leur naissance dans des causes qui devoient les prévenir.

Au mois de Juillet 1793, le Conseil général de la Commune de Bourg, étoit entiérement maitrisé par quelques uns de ses membres ; les vexations et les abus de pouvoir, qui depuis long-temps étoient la suite de leurs menées perfides, et de leur immoralité, avoient soulevé tous les esprits. Les Sections assemblées délibèrent pour secouer ce joug de fer, la réélection du Conseil général est arrêtée à la majorité de

trois cents et dix votans contre quatorze ; et
du nombre des intrigants qui ne furent pas
réélus , on distingue BLANQ DESISLES ,
ROLLET, qui a pris le surnom de MARAT ,
CHAIGNIAU et ALBAN notables.

Ces hommes pétris de tous les vices de
l'orgueil et de l'ambition , dont l'ignorance ,
la cupidité, l'audace et la corruption réunies,
avoient tout fait pour écraser et fouler leurs
Concitoyens , regrettent de ne pouvoir plus
en faire des esclav s soumis à leurs volontes.
BLANQ-DESISLES se rend à PARIS , les
autres dans les Départements qui avoisinent
celui de l'Ain ; leur mission a pour objet de
calomnier auprès des Représentans du peuple , les Corps administratifs et les Citoyens :
Quelques uns de leurs collegues , remplaces
comme eux , au conseil général , font cause
commune avec eux , et à force de manœu-
vres , ils parviennent à surprendre au Représentant du peuple , LAPORTE , un arrêté
portant qu'ils seront réinstallés dans leurs
fonctions. Dans ce moment même , les citoyens se proposoient de présenter une adresse
à la Convention , pour faire approuver la
réorganisation du conseil général de la Commune , et donner les motifs qui avoient

commandé impérieusement cette mesure.

Les factieux réintégrés dans leurs fonctions n'en prennent que plus de force, d'insolence et d'audace ; ils provoquent l'établissement d'un Comité central, et s'en font nommer membres. C'est alors qu'ils disposent à leur gré, du sort, de la fortune et de la liberté de leurs concitoyens. Ils se livrent à des proscriptions horribles ; tous ceux qui réunissent à l'amour de la Patrie, la fermeté, la justice et la probité ; tous ceux qui sont prêts à se rendre leurs accusateurs, sont les premiers sacrifiés ; les incarcérations se multiplient, et il n'y a point d'abus de pouvoir et d'autorité, qu'ils ne se permettent : assez adroits et perfides pour surprendre la réligion des Représentans du peuple, ils abusent indignement de la confiance qui leur est donnée, font destituer à leur gré les administrateurs, les membres des tribunaux, et y placent des hommes qu'ils croyent propres à servir leurs Passions et leurs intérêts. Heureusement que parmi le nombre, il s'en trouve quelques uns qui ne justifient pas leur choix et ne partagent pas leurs odieux principes ; aussi ne manqueront ils pas de les sacrifier, si l'on ne met cette faction dans l'impuissance absolue de faire le mal.

Ces hommes insensibles à toute espèce de flétrissure et d'infamie, toujours prêts à suivre l'impulsion des circonstances pour se faire une réputation exclusive de patriotisme, au détriment du peuple, trouvent bientôt de dignes collaborateurs, MERLE accusateur public du tribunal criminel, MARTINE, BARON surnommé Chavier, Amis du Département, JUVANON et GALLIEN administrateurs du District, DUCLOS et BOCARD menuisiers, cy-devant membres du Comité central, FRILET Officier municipal, GAY garde magasin de la Grenette et LAYMANT concierge du Département, s'associent à cette ligue infernale. Ils égarent l'opinion publique, prêchent une morale odieuse et corrompue, et des principes destructifs de toute justice et de toutes vertus sociales: alors des recherches domiciliaires, l'enlèvement des denrées de première nécessité, du numéraire et de l'argenterie, l'entrave des marchés, tout se fait par leurs ordres, tout est au nom du Comité central et du bien public.

Ils établissent une nouvelle Société populaire, on y foule aux pieds les droits des Citoyens pour garantir, dit-on, les droits de l'homme. Veut-on y faire entendre la voix de la raison à quelques Citoyens amis du bien public, mais trop faciles à égarer? on est traité de modérés, perfides et malveillants, on répond par des injures et des menaces aux avis les plus salutaires, aux représentations les plus sages, enfin on cherche à inspirer la terreur et l'épouvante dans tous les esprits.

Tel étoit le précis de notre situation politique avant l'arrivée de JAVOGUE, GOULI, AIBITE, et MEAULE, dans le Département de l'Ain. Depuis cette époque, le règne des vengeances et du brigandage a pris encore plus de force et de stabilité ; une morale insidieuse et le poison destructeur des principes sociaux, sont répandus avec une effronterie et une insolence dont eux seuls peuvent être capables.

Il est temps de faire cesser ce renversement de tous principes ; nous deviendrions criminels, de ne pas vous dénoncer les actes d'oppression dont nous avons été victimes ou témoins. L'article 25 de la Loi du 26 Germinal, nous en fait un devoir ; et outre que notre propre sûreté individuelle l'exige, le bien de la République le commande encore plus impérieusement. C'est d'après ce principe, que sous notre responsabilité personnelle et individuelle, nous vous dénonçons les faits suivants avec promesse d'en produire les preuves écrites et testimoniales.

PREMIER FAIT.

Les Officiers Municipaux de Bourg, à la tête desquels étoient Desisles, Alban, Chaigniau, Rollet dit Marat, ont quelque tems avant la réorganisation du Conseil général de cette Commune, lacéré leurs registres, pour y soustraire les arrêtés contraires sans doute aux intérêts du Peuple et de la Patrie ; cette infraction extrêmement criminelle et repréhensible, a été reconnue par les Représentans Amar et Merlinos, commissaires envoyés dans le Département de l'Ain, au mois de May 1793. Ces deux Députés ont rétabli pour un instant le calme et la paix dans cette Cité, et ils auroient infailliblement prévenu l'enchaînement successif des maux qui nous accablent, si l'on eût pu jouir alors plus long-tems de leur présence.

DEUXIÈME FAIT.

Dans le même tems, CHAIGNIAU l'un des factieux, a fait dans la Société existante alors, une abjuration publique et authentique de maratisme, quoiqu'on ne cessât de le rappeller à l'ordre du jour ; il prodigua les épithétes les plus indécentes à ce martyr de la liberté, le tout pour se disculper auprès de ROLLET qui l'avoit appellé maratiste ; et ce même ROLLET, actuellement Agent National du District de Bourg, a osé depuis prendre le nom de cet ami du Peuple.

TROISIÈME FAIT.

Le Département du Jura écrit à celui de l'Ain par l'organe de son Président, pour lui demander un détachement de la Garde Nationale, sous le prétexte de vouloir se soustraire à l'oppression : l'administration du Département de l'Ain ne croit pas devoir répondre à cette lettre qui ne pouvoit concerner que la Municipalité de Bourg ; elle la lui envoye. La Municipalité elle-même, sans ordre des Corps administratifs, assemble les Sections, il est enjoint à tous les citoyens de s'y trouver, on y lit cette lettre, les esprits sont séduits et dirigés par ces mêmes factieux qui ne cessent de crier qu'ils ont combattu le fédéralisme ; ils font toutes les démarches pour procurer les armes et les munitions nécessaires à un détachement de 200 hommes, qui partit alors pour le Jura, d'après l'avis des Sections égarées, et qui ne tardèrent pas à reconnoître leur erreur. La Municipalité semonça ceux des citoyens qui ne se trouverent pas à leur poste lors du départ : CONVERT, l'un des Officiers Municipaux, se joignit même au détachement ; et ROLLET dit MARAT seroit parti, si les Sections ne s'y fussent opposés.

QUATRIÈME FAIT.

La Municipalité de Bourg, au retour du détachement, va encore à sa rencontre ; I ESISLES, revêtu de son écharpe, porte deux fois la parole, l'une au Faubourg du Jura, et l'autre au balcon de la Commune; ses complimens finissent par la chanson, *à la guillotine Marat.*

CINQUIÈME FAIT.

Un Comité central est nommé par Reverchon Représentant du Peuple. Ses actes de rigueur et d'autorité ont mis la désolation dans toutes les familles, et n'ont jamais été dictés par des vues de bien public. Une taxe révolutionnaire est levée par ce Comité ; l'on y soumet les femmes des détenus, quoique leurs biens et ceux de leurs maris soient sous le sequestre : on les menace d'incarcération, si elles ne payent dans les vingt-quatre heures. Le produit de ces différentes taxes s'élève à plus de soixante mille livres; Le compte est encore à rendre au mépris des lois, et le nommé Gay, Trésorier du Comité, est resté dépositaire de cette somme.

SIXIÈME FAIT.

DESISLES instruit que Javogue est à Mâcon, va le solliciter pour venir à Bourg avec l'armée révolutionnaire. Javogue accéde à cette demande ; les Officiers Municipaux se présentent chez les citoyens avec des détachemens de ces soldats révolutionnaires; l'argenterie, le numéraire sont enlevés, les tableaux, les livres sont brûlés, les citoyens éprouvent les plus grandes vexations.

SEPTIÈME FAIT.

Javogue nomme, à la demande des factieux, une Commission populaire ; DESISLES en est Président, CHAIGNIAU Accusateur, ALBAN et autres complices composent ce

Tribunal de sang : il ne leur suffit pas d'avoir été les dénonciateurs, d'avoir ordonné les incarcérations, ils veulent être les Juges, et bientôt l'on n'eût-vu dans la Commune de Bourg que des sacrificateurs et des victimes.

HUITIÈME FAIT.

La consternation et l'effroi étoient dans tous les cœurs ; le Représentant du Peuple Gouly arrive et succède à Javogue, il paroit savoir concilier la fermeté républicaine avec la justice : la Commission populaire et tous les arrêtés de Javogue sont cassés ; DESISLES ROLLET et CONVERT, auxquels il avoit d'abord donné quelque confiance pour s'assurer de la sincérité de leur zèle et de leur amour pour la chose publique, sont incarcérés sur les dénonciations sans nombre qui lui sont faites ; dès-lors il est aux yeux de' la faction un ennemi du Peuple et un contre-révolutionnaire.

NEUVIÈME FAIT.

L'arrêté de Gouly portoit que ces trois individus seroient mis au secret, que le scellé seroit apposé avec soin sur leurs papiers. Cet arrêté n'est point ponctuellement exécuté ; ils ne restent que 24 heures dans

la maison d'arrêt , sont transférés ensuite
dans une maison particulière , et les com-
munications ne leur sont point défendues.

DIXIÈME FAIT.

Avant l'apposition des scellés sur les papiers de DESISLES , ALBAN maire et ser-
rurier ouvre dans la nuit la porte d'entrée
du lieu où l'administration du Département
s'assemble, entre dans le Bureau de BLANQ-
DESISLES , enlève les papiers de ce dernier , se rend de suite auprès des Représentans du Peuple à Commune-affranchie , et
au bout de quatre jours, il apporte le rapel
de Gouly , et annonce l'arrivée d'Albitte. Le
tout est constaté par procès verbal du Département.

ONZIÈME FAIT

Après le départ de Gouly , la joie et l'es-
pérance du mal renaissent dans l'âme de
tous les intrigans ; il est indignement et
lâchement calomnié à la Société populaire ,
ils veulent à tout prix le trouver coupable
de lèze-Nation. ALBAN , CHAIGNIAU ,
FRILET et tous leurs adhérens ne cessent
à chaque séance de le traiter de scélérat et
de perfide : des projets de dénonciations

sont présentés , c'est à celui qui pourra ajou-
ter le plus à a calomnie ; malheur à ceux
qui se seroient permis de calmer la fureur
de ces fanatiques : ALBAN va jusqu'à dire
que déjà avec quelques *bons bougres à poil,*
i a dénoncé le traître Gouly , qu'il faut que
sa tête tombe , ou celle de cet infame Représentant. Il est constant que la Représentation Nationale a été avilie de la manière la
plus outrageante.

DOUZIÈME FAIT.

JUVANON, ennemi juré de Gouly , at-
tendû qu'il vouloit le faire partir pour les
frontières , comme étant sujet à la requisi-
tion , fait adopter un des projets de dénonciation. Des vociférations et des injures af-
freuses sont vomies à la tribune contre ce
Représentant du Peuple et les membres de
la Convention qui ont participé à ce choix ;
tous les rôles sont distribués pour échauffer
les esprits. Quiconque ne signera pas , sera
regardé comme un contre-révolutionnaire ,
un Brissotin, un Fédéraliste ; il est même
arrêté que les non-signataires seront expul-
sés de la Société, ainsi que les registres le
constatent : l'expulsion a valu à plusieurs
membres l'incarcération. C'est ainsi qu'on a

forcé la Majorité des membres à adhérer à cette dénonciation ; et tous ceux dont la moralité, le civisme et la probité sont connus, regrettent d'avoir coopéré à cet acte d'injustice.

TREIZIÈME FAIT.

Albitte remplace Gouly, il est prévenu défavorablement contre son collégue. Instruit de la manière outrageante dont il a été traité, il est probable qu'il a craint le même sort. MILLET, le célèbre DORFEUIL et le trop fameux VAUQUOI, ses Secrétaires, sont les dignes émules des factieux : ceux-ci triomphent complettement, ils ne cessent d'entourer le Représentant, à sa table et dans ses bureaux. Albitte, malheureusement trop facile à leur donner sa confiance, est dirigé par ces intrigans ; il sert, sans le savoir, leur vengeance ; aussi la terreur dont sans cesse ALBAN Maire et ses collaborateurs faisoient retentir la tribune de la Société et du Temple de la Raison, est de plus fort à l'ordre du jour. Leur sinistre prophétie ne tarde pas à se vérifier : quinze des détenus sont envoyés à Commune affranchie, et sans forme, ils expirent sur l'échaffaud, douze heures après leur arri-

vée. En vain les femmes de ces malheureux
demandent des passeports pour s'y rendre;
la Municipalité prend un arrêté et s'y refuse.

QUATORZIÈME FAIT

DESISLES, ROLLET et CONVERT,
détenus par ordre de Gouly, sont mis en
liberté par Albitte; les factieux n'en deviennent que plus audacieux et plus pervers ; la
Société populaire n'est plus qu'une arène ,
où l'on parle sans cesse de prison, de mort
et de guillotine : ALBAN promet que dans
peu elle sera permanente sur la place, et il
annonce que vers la fin de Pluviose, l'on
verra à Paris une révolution pire que celle
du 31 May, qu'il en a des preuves, tant
dans les lettres qui lui étoient adressées ,
que dans celles qu'il avoit décachetées. On
observe que tous les paquets étoient ouverts
à la Poste.

QUINZIÈME FAIT.

Pendant que l'on multiplie les incarcérations, que l'on navre tous les cœurs par
des mesures souvent prises hors de la Loi ,
MILLET, DORFEUIL et VAUQUOI font
à la Société mille tours de souplesse, pour
dérider les Sans culottes par des chansons,

des projets de cérémonial de fêtes décadaires ; DORFEUIL acquiert bientôt par
sa force révolutionnaire une plus grande
célébrité que ses collégues , il prend le titre
honorable de *Frère cadet du Père Duchêne*:
il écrit avec une si grande ressemblance
d'expressions et de stile , qu'on diroit qu'il
a l'âme d'Hébert, et qu'il est vraiment de
la famille.

SEIZIÈME FAIT.

ALBAN a fait des enlèvemens de numéraire
dans les maisons d'arrêt, à Pont-Devaux;
il a pris pour plus de 3000 livres d'argenterie,
il s'est fait donner 400 livres, par une Cito-
yenne de Mâcon qui venait conférer à
Bourg avec un des détenus; on ne sait ce que
sont devenues toutes ces sommes.

DIX-SEPTIÈME FAIT.

Avant la découverte de la conjuration
D'Hébert, D'ORFEUIL, MILLET,
ALBAN, et autres ont fait des visites
dans toutes les maisons d'arrêt : ce dernier en a même fait de nocturnes; aux
mêmes époques, la générale a été annoncée
à la fin du mois de Ventose , LAJOLAIS,
homme corrompu, a vécu pendant son
séjour à Bourg , dans l'union la plus intime

avec les factieux , il a donné , en sa qualité
de Général , des ordres , tant au Comman-
dant de la garde Nationale , qu'aux Ca-
pitaines des Invalides et des canoniers ,
pour se tenirprêts au premier signal ; on re-
marquera *que dans le même tems , les mêmes
évènement se passaient à Paris.*

DIX-HUITIÈME FAIT.

ALBAN , trois jours avant la découverte
de la conspiration , fait part à la Société
de lettres adressées par Albitte et D'OR-
FEUIL au scélérat Hébert , et aux corde-
liers , pour encourager plus que jamais
leur fermeté Révolutionnaire ; le Maire
ALBAN , annonce aussi qu'il est en correspondance avec Pache , premier Magistrat
du peuple de Paris ; il donne connoissance
d'une lettre adressée à lui personnellement,
laquelle contient des leçons d'encouragement
et des éloges de la conduite des bons Révolutionnaires de Bourg.

DIX-NEUVIÈME FAIT.

L'on a remarqué qu'a ces mêmes époques,
les épithétes les plus injurieuses étoient pro-
diguées à la Représentation Nationale. Plusieurs des factieux affectaient de parler de
la Souveraineté des membres de la Société ,

ils crioient à toute outrance que la Convention n'avoit pas le droit de les dissoudre,
qu'il y avait encore beaucoup de membres
gangrénés dans son sein, qu'il fallait épurer;
les Députés de l'Ain étaient horriblement
proscrits; GALLIEN, après avoir dit, en par-
lant de l'un d'eux qu'il n'était qu'un commis
à qui l'on donnait 18 livres, par jour,
poussa le délire et la fureur, jusqu'a pro-
poser de demander à la Convention l'extrait
mortuaire de toute cette députation.

VINTIÈME FAIT.

Après l'exécution d'Hébert et de ses complices, les factieux deviennent beaucoup
plus modestes, D'ORFEUIL vient prêcher
la probité, la justice et la vertu. Les Citoyens éclairés ne sont pas dupes de cette
métamorphose, et cette conversion n'est
pas de longue durée; bientôt ils repren-
nent leur esprit. D'ORFEUIL qui parle
sans cesse de ses hauts faits pour le triom-
phe de la Liberté et de l'Égalité, tout à
la fois faux et contradictoire, a osé dire
que le Gouvernement démocratique ne peut
pas s'établir en France; tantôt il montre
une ame haineuse, ou caressante; tour à
tour il est tendre ou perfide : enfin il se per-

met de dire à la tribune des Sans - culottes, que si par malheur, la tête d'un seul des officiers Municipaux de Bourg vient à tomber , alors un crêpe funèbre doit être mis sur la maison d'arrêt.

VINGT-UNIÈME FAIT.

Une adresse est faite par le Comité de correspondance de la Société à la Convention, pour la féliciter de l'exemple éclatant de justice qu'elle vient de donner en délivrant la République des conspirateurs hébertistes; DESISLES à qui elle est présentée comme secrétaire , refuse de la signer. MARTINE, administrateur témoigne la même répugnance pour signer l'adresse faite par le Département ; il temporise, cherche à colorer son refus, en proposant l'ajournement.

Cependant , forcé de s'expliquer nettement , il finit par donner sa signature.

Le même MARTINE , et LAYMANT concierge du Département, ont dit qu'ils étoient mécontens du Peuple de Paris, qu'Hébert étoit un Patriote pur qu'on auroit dû défendre. A l'arrestation de Danton, Martine annonce que le parti de Robespierre domine, qu'il craint que Colot-d'Herbois, Legendre et autres , ne soient sacrifiés.

VINGT-DEUXIEME FAIT

Méaule actuellement en mission dans le Département de l'Ain, est peu communicatif; la faction a eu l'adresse de s'en emparer et de l'entourer sans cesse ; elle est seule écoutée : Il est tout à craindre que la vérité ne parvienne pas jusques à lui , et qu'il soit trompé comme son prédécesseur. Déjà même il a été jetté dans l'erreur par les factieux.

VINGT-TROISIÈME FAIT.

La Société populaire de Bourg se proposait d'épurer les intrigans qui depuis près de trois mois , et au mépris de tout reglement, formaient le Comité de Surveillance; les délais, les incidents sur le mode de nomination sont proposés avec force par la faction , pour éloigner la formation du nouveau Comité ; la Société parvient , après un mois d'attente et de combats , à le faire former. Déjà le scrutin est fait et dépouillé , il n'est plus question que d'en annoncer les résultats ; on a l'adresse de renvoyer à une autre séance, et il est arrêté qu'elle sera consacrée à cet objet; Dorfeuil instruit de l'embarras des factieux , vient promptement à leur appui ; un piége infernal est tendu au jour indiqué pour la séance, et au moment où l'on veut proclamer les membres du Comité, il s'élève un grand débat, pour savoir si l'on commencera par l'ordre du jour ou par la lecture du discours de Robespierre sur les fêtes Décadaires; quelques membres réclament la priorité pour la formation du comité si redouté par les factieux, et demandent en même temps et avec instance que l'on passe de suite, et sans désemparer, à la lecture du discours de Robespierre, dût-on y passer la nuit. La lecture de ce dernier objet obtient la priorité, mais la proclamation des membres du Comité de surveillance est renvoyée à la séance suivante; à l'instant les factieux, habiles en intrigues et en fausseté, se rendent chez le Représentant Méaule, on lui déclare éfrontément que la Société s'est opposée à la lecture du discours de Robespierre; Méaule se laisse surprendre trop facilement, et dans la persuasion, sans-doute, que ceux qui l'entourent ne sont pas capables de le tromper, il prend un arrêté, dissout la Société, n'y laisse qu'un noyau de douze membres qui lui sont désignés par les factieux, pour l'épuration; et le tout est motivé sur l'esprit d'animosité qui règne entre les membres, et sur l'infâme supposition, qu'on a cherché à s'opposer à la lecture du discours du vertueux Robespierre. C'est ainsi que des scélérats qui n'ont jamais prêché que le mépris d'un Dieu créateur et la morale sâle et impure du conspirateur Hébert, ont eu la perfidie de supposer tous leurs vices aux membres, dont ils redoutoient l'énergie, le civisme, la probité et les lumières, afin de se donner un air de vertus.

Citoyens Représentans, nous venons de vous dénoncer avec une franchise Républicaine, des fautes et des crimes qui vous seront attestés par deux-mille témoins.

Les exécutions, les mesures horribles et arbitraires, prises dans cette Commune, ont mis la terreur dans l'ame de tous les bons citoyens ; tous gardent un morne silence et n'osent faire entendre le cris de l'oppression , tant qu'ils sont sont sous l'empire de la faction.

Ordonnez une prompte recherche de la vérité ; Que non seulement les citoyens de la commune de Bourg soient entendus; mais même ceux des communes voisines; Qu'ils soient nos arbitres et nos juges ; et lorsque vous connoitrez ces hommes qui abusent de la crédulité populaire pour corrompre l'opinion publique, inspirer la dé pravation des mœurs, et détruire le germe de toutes les vertus sociales ; alors vous lancerez un regard d'indignation sur ces ennemis des droits sacrés de l'homme. Une justice aussi prompte qu'éclatante sera le prix de leurs forfaits, et vous rendrez la paix et le bonheur à une Commune dévouée à tout ce qui peut procurer l'affermissement de la République.

FAIT à Bourg le 4 Prairial, an deuxieme de la République Française, Une, Indivisible et Démocratique.

Suit un grand nombre de signatures.

Pour copie conforme à l'original déposé au Comité de Salut Public, le 10 Prairial.

BIBLIOTHEQUE NATIONALE DE FRANCE

www.ingramcontent.com/pod-product-compliance
Lightning Source LLC
LaVergne TN
LVHW012107030726
842523LV00002B/774